sYe
3849

A LA MÊME LIBRAIRIE

OUVRAGES DU MÊME AUTEUR

POÉSIE

Les Gammes. (Épuisé.)
Prochaine réimpression. (Vanier.)
Les Fastes. — Prix : 3 francs.

Traduction :

Pastels in Prose.
Symbolist Poets.

En Préparation :

Merveilles. (Poèmes en prose.)
L'Envoyé. (Drame.)

PETITS POÈMES

D'AUTOMNE

DE CE LIVRE IL A ÉTÉ TIRÉ
TRENTE-QUATRE EXEMPLAIRES DE LUXE
SUR HOLLANDE
NUMÉROTÉS
AVEC AUTOGRAPHE DE L'AUTEUR
AU PRIX DE 5 FR.

STUART MERRILL

Petits Poèmes

d'Automne

PARIS
LÉON VANIER, LIBRAIRE-ÉDITEUR
19, QUAI SAINT-MICHEL, 19

1895
Tous droits réservés.

A
ADOLPHE RETTÉ

AMOUR D'AUTOMNE

I

L'enchanteresse de Thulé
A ravi mon âme en son île
Où meurt, tel un souffle exhalé,
Le regret de l'heure inutile.

Je crois qu'on pleure autour de moi,
Prince dont la magique épée
Par la main des femmes sans foi
Se brisa, vierge d'épopée.

C'est la fuite des étendards
Le long de la mauvaise route
Aux cris des barbares hagards
Traquant mon armée en déroute.

Qu'importe ? — Alors qu'au seuil des cieux
Je pourrais conquérir la Lance,
Posez vos doigts lourds sur mes yeux,
O vous, les trois Sœurs du Silence !

L'encens des jours s'est exhalé :
Pourquoi pleurer l'heure inutile ?
L'enchanteresse de Thulé
A ravi mon âme en son île.

II

Des rossignols chantant à des lys
Sous la lune d'or de l'été, telle,
O toi, fut mon âme de jadis.

Tu vins cueillir mes lys d'espoir, Belle,
Mes lys qui saignèrent dans ta main
Quand se leva la lune nouvelle.

1.

Amour, sera-ce bientôt demain,

Demain matin et ses chants de cloches

Et les oiseaux aux croix du chemin ?

Pauvre, il neige dans les vallons proches.

III

Mon front pâle est sur tes genoux
Que jonchent des débris de roses;
O femme d'automne, aimons-nous
Avant le glas des temps moroses!

Oh ! des gestes doux de tes doigts
Pour calmer l'ennui qui me hante !
Je rêve à mes aïeux les rois,
Mais toi, lève les yeux, et chante.

Berce-moi des dolents refrains
De ces anciennes cantilènes
Où, casqués d'or, les souverains
Mouraient aux pieds des châtelaines.

Et tandis que ta voix d'enfant,
Ressuscitant les épopées,
Sonnera comme un olifant
Dans la danse âpre des épées,

Je penserai vouloir mourir
Parmi les roses de ta robe,
Trop lâche pour reconquérir
Le royaume qu'on me dérobe.

IV

Je crois, folle, que toút l'automne
    Dort en tes yeux, et ta voix,
Las ! se lamente monotone
Comme le vent lent dans les bois.

Tes cheveux sont couleur des feuilles
    Qui vont mourir, et tes mains
Semblent flétrir, que tu le veuilles
Ou non, les fleurs des lendemains.

Aussi t'aimais-je pour le rêve
    Lamentable de tes yeux
Et ta voix qui fut la voix d'Eve
Pleurant les aubes d'anciens cieux ;

Et surtout pour ta chevelure
    Qui fut mon léger linceul,
Et tes mains à douce brûlure
Lors des baisers de seule à seul.

Mais tu ne sus charmer mon âme,
    Dont le Sauveur ait merci !
Car elle est de souffle et de flamme
Et pure de l'impur souci.

Me voici, féal à mon glaive,
    De nouveau sous le soleil,
Et ces nuits d'amour sont le rêve,
N'est-ce pas ? d'un mauvais sommeil.

Je vais vers des pays où tonne
   Le combat des demi-dieux...
Ah ! folle, folle, tout l'automne
Ne dormait-il pas en tes yeux ?

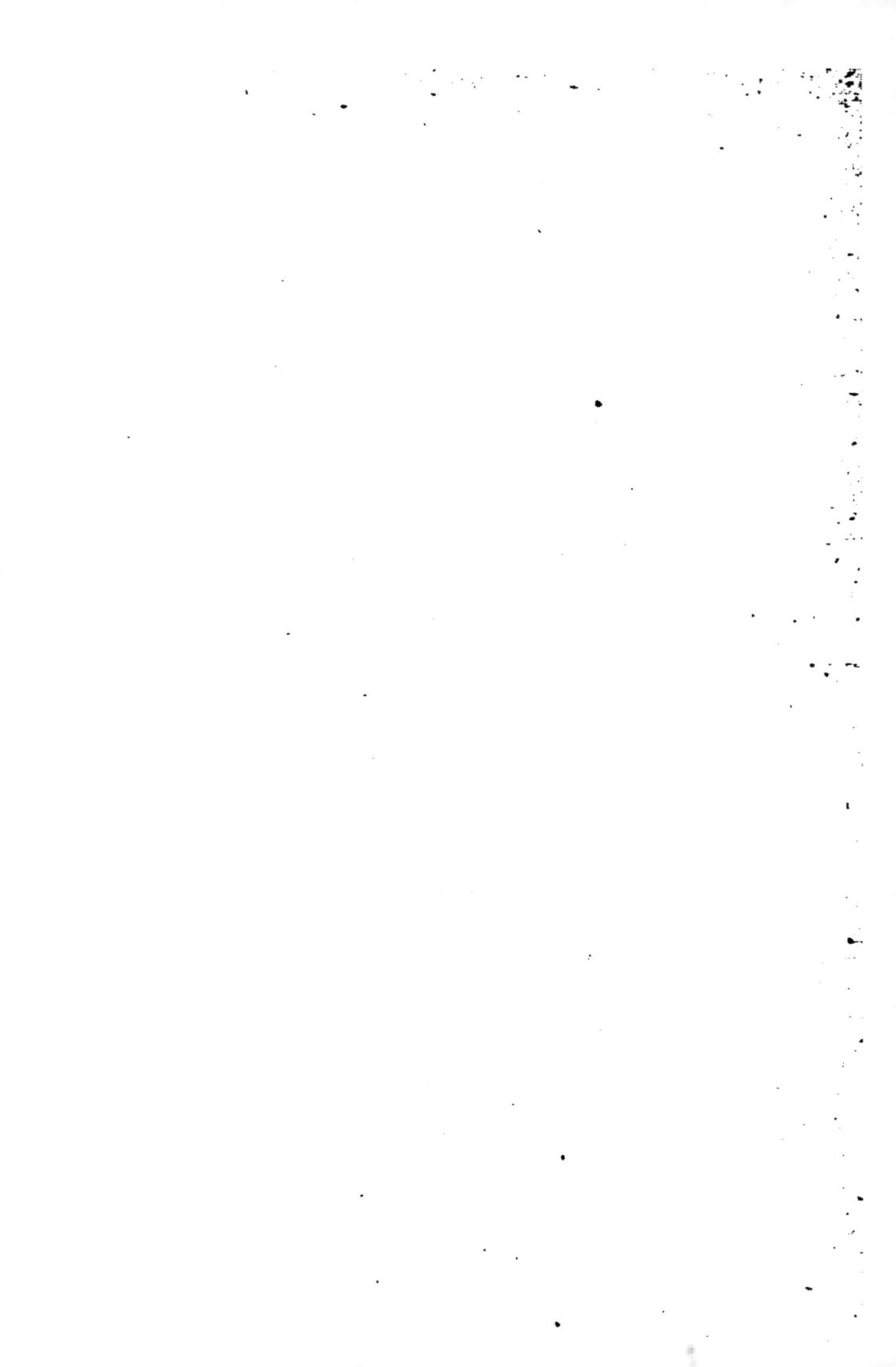

V

Au temps de la mort des marjolaines,
Alors que bourdonne ton léger
Rouet, tu me fais, les soirs, songer
A tes aïeules les châtelaines.

Tes doigts sont fluets comme les 'leurs
Qui dévidaient les fuseaux fragiles.
Que files-tu, sœur, en ces vigiles,
Où tu chantes d'heurs et de malheurs ?

2

Seraient-ce des linceuls pour tes rêves
D'amour, morts en la saison des pleurs
D'avoir vu mourir toutes les fleurs
Qui parfumèrent les heures brèves ?

Oh ! le geste fatal de tes mains
Pâles, quand je parle de ces choses,
De tes mains qui bénirent les roses
En nos jours d'amour sans lendemains !

C'est le vent d'automne dans l'allée,
Sœur, écoute, et la chute sur l'eau
Des feuilles du saule et du bouleau,
Et c'est le givre dans la vallée.

Dénoue — il est l'heure — tes cheveux
Plus blonds que le chanvre que tu files ;
L'ombre où se tendent nos mains débiles
Est propice au murmure des vœux.

Et viens, pareille à ces châtelaines
Dolentes à qui tu fais songer,
Dans le silence où meurt ton léger
Rouet, ô ma sœur des marjolaines !

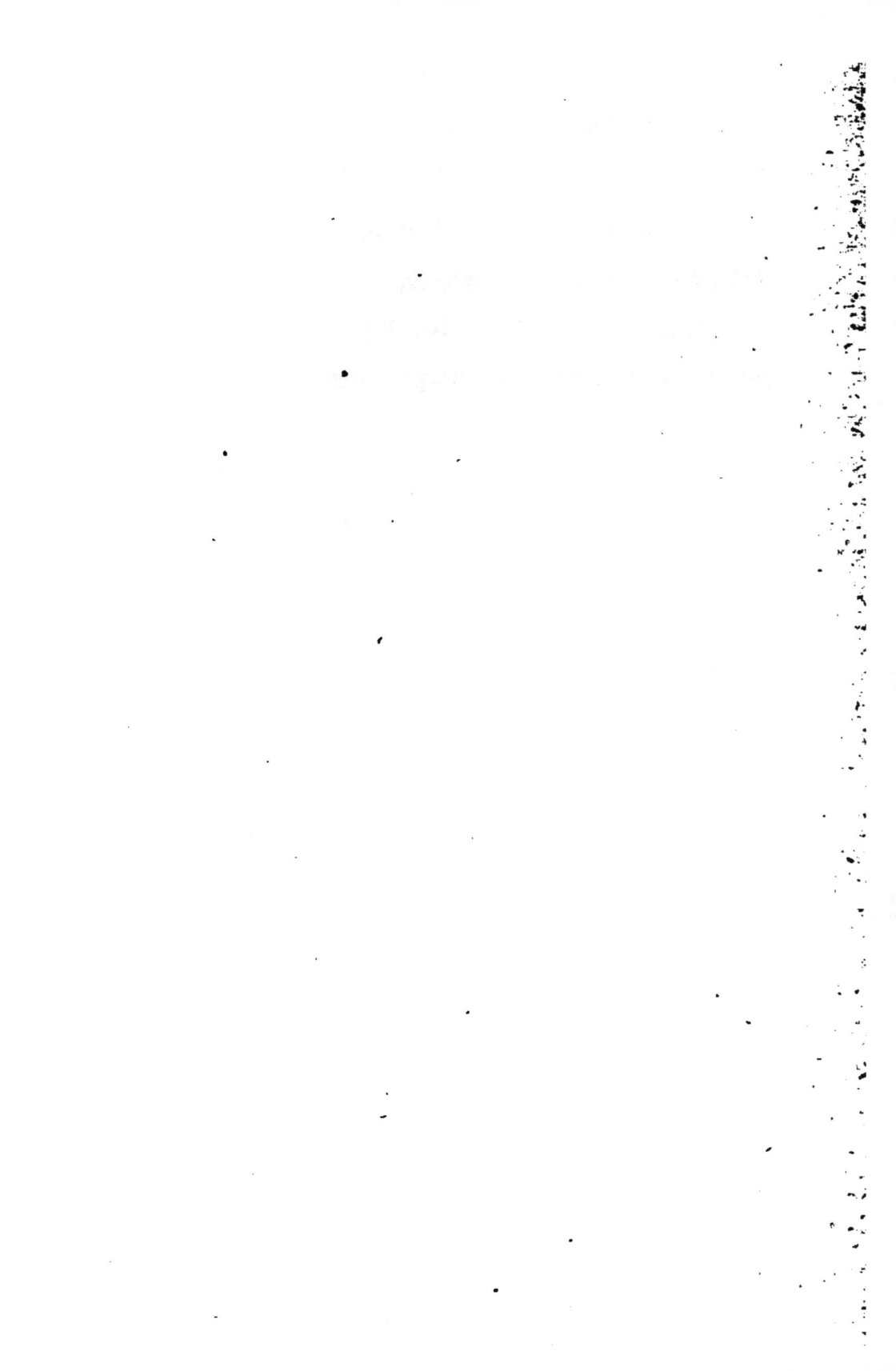

VI

— Viens, très douce, rêver aux heures
Où nous effeuillâmes les lys
Au clair de la lune. Tu pleures?

— Je fus la fille du roi d'Ys,
Mon amant, et je sais à peine
Ce que nous nous dîmes, jadis.

2.

— N'es-tu pas la petite reine
Qui s'en venait, chantant tout bas,
Mirer ses yeux en la fontaine ?

— Si légers devaient choir mes pas
Sur le givre des nuits d'automne,
Que tu ne les entendis pas.

— Hélas ! mais sa voix monotone
Était la tienne, et ses chers yeux
Avaient ton regard qui s'étonne.

— Dupe ! Par une loi des dieux
La cité n'est plus sur la dune,
Et je vais vers de nouveaux cieux.

— Pourtant je sais que j'aimais une
Qui parlait ainsi de malheurs
En lançant des lys à la lune.

— O toi qui te souviens, ces pleurs
Sont le signe en effet de celle
Qui survit à la mort des fleurs.

— Je savais bien que tu fus elle,
Avec ta peur des lendemains,
Cet air mortel qui m'ensorcelle,

Et les gestes las de tes mains !

VII

Tu vins vers moi par les vallées
Où s'effeuillaient les azalées,
O sœur des heures en allées !

Ta toison était de couleur
Rousse, et ta bouche de douleur
Pareille à la mort d'une fleur.

Tes yeux semblaient des cieux d'automne
Où le dernier orage tonne,
Mélancolique et monotone.

Ta voix chantant la mort d'un roi
Fut toute la femme pour moi,
Fol alors en quête de foi.

Et ces lèvres d'enfant mauvaise
Que seul le sang d'Amour apaise
Qu'ont-elles dit qu'il faut qu'on taise ?

Ah ! rien, sinon qu'Amour est mort
Sur notre seuil de mal abord
Où sourit le masque du Sort:

Je me souviens qu'en les vallées
Tombaient les fleurs des azalées,
Au cours des heures en allées.

VIII

Ce fut en un soir où les chansons
Des amants liés par leurs mains lasses
Mouraient, ô Dame pâle qui passes,
Au clair de la lune des moissons.

Long penchée au bord des lourds calices
Des lys, fleurs des reines et des rois,
Tu faisais le signe de la croix
Comme une qui renonce aux délices.

Chevelure éparse au vent léger,
Tu paraissais ceinte de lumière
Contre l'ombre de la nuit première
Et les feuilles du prochain verger.

L'eau tintait tristement dans les vasques
Qu'enguirlandaient des danses d'amours
Et de satyres faisant des tours
Au rire à jamais muet des masques.

La puisant dans tes chétives mains,
Cette eau par laquelle tu fus sainte,
Tu baptisas les fleurs de l'enceinte,
Où dormait l'âme des lendemains.

Fus-tu le Remords ou la Mémoire,
O Passante aux yeux pleins de passé?
Maintenant l'eau stagne en le fossé
Et les lys sont morts avec la gloire

De ce soir où les lentes chansons
Des amants liés par leurs mains lasses
Mouraient, ô Dame pâle qui passes,
Au clair de la lune des moissons.

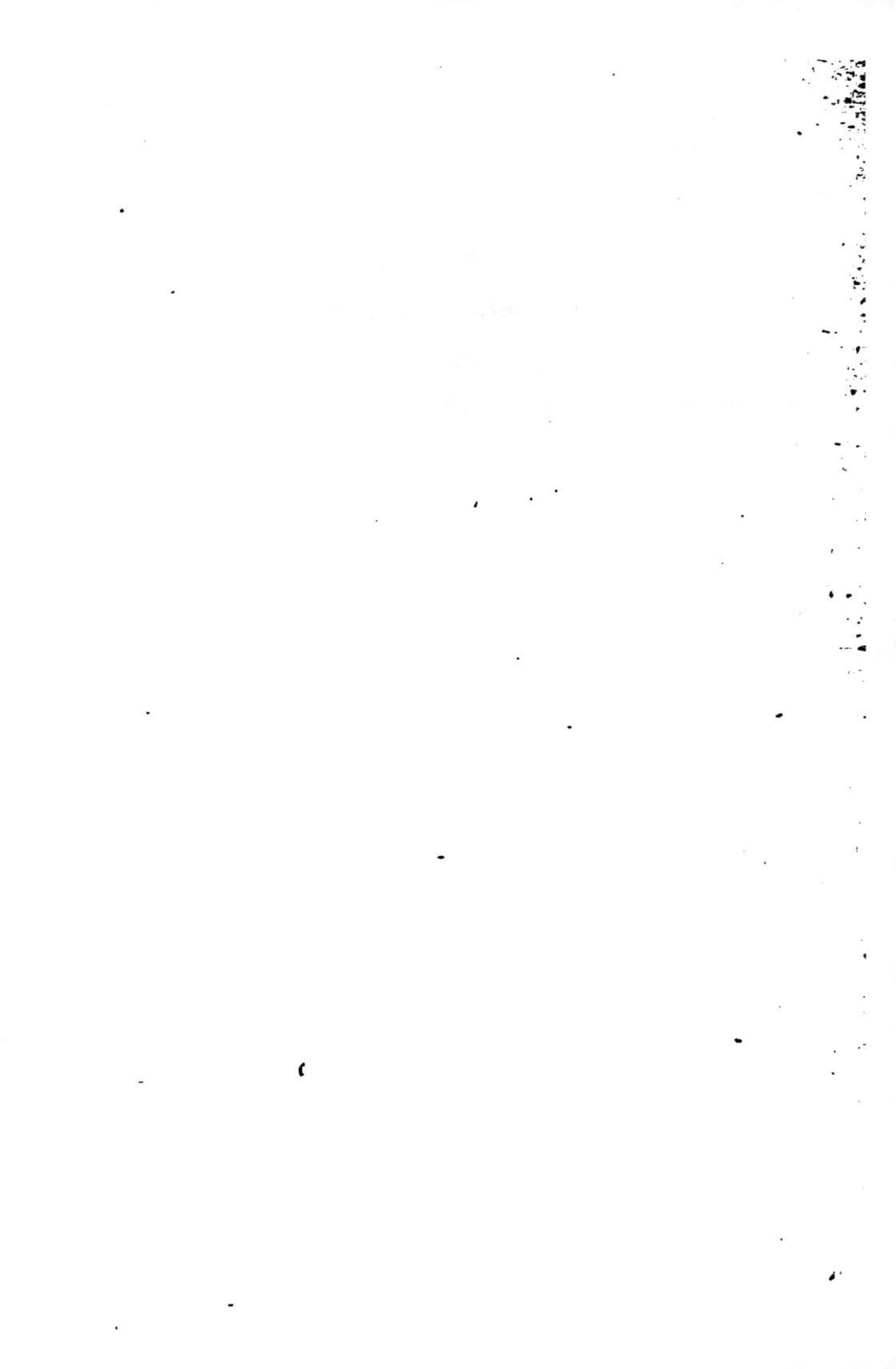

IX

Une nuit, sous la terrible lune
Qui saignait parmi les brumes roses,
Tu parlais, ô sœur, de tristes choses
Comme une enfant prise de rancune.

Au loin les appels des mauvais hommes
Nous montaient des vergers de la plaine
Où les arbres tordus par la haine
Tendaient, fruits du mal amour, leurs pommes.

Tu n'entendis pas le bruit des roues
Rapportant vers les petits villages
La récolte des moissonneurs sages
Qui peinent le temps où tu te joues.

Tu cueillais les pavots de la route
Pour en festonner, plein tes mains molles,
Notre maison où l'on voit les folles
Mendier, sœurs du deuil et du doute.

Comme devant une étrange auberge
Tu fis, vocatrice de désastres,
Le signe qui flétrit les bons astres
Dans le jardin d'azur de la Vierge.

Puis effeuillant au seuil de la porte
Les fleurs de l'ombre l'une après l'une,
Tu chantas quelque chose à la Lune,
Quelque chose dont mon âme est morte.

X

O narcisses et chrysanthèmes
De ce crépuscule d'automne
Où nos voix reprenaient les thèmes
Tant tristes du vent monotone !

Des enfants dansaient sur la route
Qui mène vers la lande noire
Où hurla jadis la déroute,
Sous la lune, des rois sans gloire.

Nous chantions des chants des vieux âges
En allant tous deux vers la ville,
Toi si grave avec tes yeux sages
Et moi dont l'âme fut si vile.

Le jour tombait au son des cloches
Dans l'eau lente de la rivière
Qui charriait vers des mers proches
La flotte à la noire bannière.

Nous fûmes trop fous pour comprendre
Les présages du crépuscule :
Voici l'ombre où l'on croit entendre
Les sanglots d'un dieu qui recule.

La flotte a fui vers d'autres astres,
Les enfants sont morts sur la route,
Et les fleurs, au vent des désastres,
Ne sont qu'un souvenir de doute.

Sais-tu le chemin de la ville,
Toi si grave avec tes yeux sages ?
Ah ! mon âme qui fut trop vile
A peur des chansons des vieux âges !

XI

Nous avons quitté ce soir la grand'ville
Où nous marchions seuls, les yeux dans les yeux.
Entends-tu là-bas, comme des adieux,
Les cloches des morts sonner la vigile ?

Le soleil n'est plus, ô sœur puérile,
Mais n'ayons pas peur de l'ombre en les cieux ;
Nous saurons trouver, après les aïeux,
La bonne maison d'accueil et d'asile,

Celle de la croix où Dieu promet l'or,
La myrrhe et l'encens et tout son trésor
Aux pauvres amants frappant à sa porte.

Prie un peu pourtant pour le péché d'hier,
Et donne ta main si faible et si forte :
Voici venir l'heure où l'on voit, moins clair.

XII

Je ne sais plus par quelle contrée
D'étoiles et de roses de lune
Je t'ai perdue en cette vesprée
Où nos voix se turent l'une après l'une.

Au loin, c'est comme un murmure d'ondes
Coulant vers une mer inconnue.

Nos yeux suivaient le rêve des mondes,
Et notre âme attendait la venue
Du Christ ou de la Vierge Marie
Dans les roses de lune et les étoiles.

Au loin, le vent, comme un Dieu qui prie,
Souffle vers la mer l'essor des voiles.

Nos mains cherchaient l'ancienne caresse
Et nos lèvres la vieille parole ;
Mais nos gestes étaient de détresse,
Et nos mots tels un oiseau qui s'envole.

Au loin, comme des oublis, les feuilles
Voguent vers la mer où dort l'automne.

Ses yeux et ses lèvres que tu cueilles,
Dieu d'hiver dont le soleil s'étonne,

Refleuriront-ils comme les roses
Et les étoiles que nous aimâmes ?

Au loin, l'air est plein de voix moroses
Et la mer chante la mort des âmes.

XIII

La nuit, dans un pays de fleurs
Tristes comme tes yeux, ô Bonne,
J'ai tressé pour toi la couronne
   Mystique des sept douleurs.

Ci l'amarante et l'anémone,
Le souci, la rose et l'iris,
Avec l'asphodèle et le lis
   Des urnes d'or de l'automne.

Mon âme, qui se sent mourir,
Comme la lune, en leurs corolles,
Ne sait plus le sens des paroles
    Dont tu voulus l'attendrir.

Aux eaux oublieuses du fleuve
Qui coule vers la mer sans nom,
Il faudra, le voudrais-je ou non,
    Qu'un soir d'effroi je m'abreuve.

Voici ces fleùrs des anciens cieux :
J'en vais cueillir d'autres, ô Bonne,
Dans des pays d'ombre où l'automne
    Est triste comme tes yeux.

INTERLUDE DE CHANSONS

4.

I

Mon àme, en une rose,
Est morte de douleur :
C'est l'histoire morose
Du réve et de la fleur.

Je n'irai pas la dire
Sur les routes du roi ;
Je crois, Dame et Messire,
Que vous ririez de moi.

Voici le vent d'automne
Sur mon âme et les fleurs ;
Et pourtant je m'étonne
De tout ce ciel en pleurs.

O rose de mon rêve,
Fleuriras-tu jamais ?
Naîtras-tu de sa sève,
Amour, aux futurs Mais ?...

II

Des fleurs du soir plein tes mains,
    Tous les cieux dans tes yeux,
Et l'espoir des lendemains
    Dans tes yeux et les cieux,

Tu vins par la plaine jaune
    En ce froid mois d'automne,
O la donneuse d'aumône
    Dont le pauvre s'étonne.

Chantons de vieilles chansons
Pour l'amour du passé,
Et tels des enfants lançons
Tes fleurs au jour lassé.

On dit que sur la montagne
Tombe déjà la neige,
Mais qu'importe à qui regagne
L'âtre où le feu s'abrège ?

Ce sera bientôt pour nous
Baisers et bon sommeil,
Mienne, et dans nos bras jaloux
L'oubli du vieux soleil.

III

O paix de ce pays d'ici
   Où jadis nous nous aimâmes
   Par nos corps et par nos âmes,
O paix de ce pays d'ici !

Le crépuscule dans les arbres
   Dont tous les oiseaux sont fous
   De s'être aimés comme nous,
Le crépuscule dans les arbres !

Et ce fleuve sous la forêt
   Où, sœur folle des automnes,
   Tu cueillais les anémones,
Et ce fleuve sous la forêt !

Sais-tu ce que nous dit le fleuve
   Qui pleurait dans les roseaux
   — Soupirs des vents et des eaux —
Sais-tu ce que nous dit le fleuve ?

Il nous dit : Craignez la forêt
   Dont au carrefour des doutes
   On ne connaît plus les routes.
Il nous dit : « Craignez la forêt ! »

Mais nous n'avons pas peur des arbres
   Lourds du tumulte des vols
   Et des chants des rossignols ;
Mais nous n'avons pas peur des arbres.

O paix de ce pays d'ici,

La voix des eaux est mensonge,

Et tu ne peux être un songe,

O paix de ce pays d'ici.

IV

Des lauriers, des lilas et des lys
    Pour ma sœur des oiseaux,
Qui pleure les jours de jadis
    Au bord des eaux !

Le fleuve se hâte sous le vent,
    Vite, comme un oubli,
Vers la mer de la mort, avant
    L'effort faibli.

O sœur! ô sœur! où sont les oiseaux
Pépiant à tes doigts
Lorsque tu soufflais aux roseaux
L'âme des bois?

Ce vent venu du pays des fous
Rebrousse au loin leurs vols;
Ma sœur, va prier à genoux
Les rossignols !

Oublie un peu que tout a été
Tel un rêve en sommeil :
Les fleurs et les oiseaux d'été
Et le soleil.

Des nénufars blancs et des iris
Pour ma sœur des oiseaux,
Et pleurons les jours de jadis
Au bord des eaux !

V

O ma dame des pavots
Si pâle en ta robe d'automne,
Pourquoi pleurer les renouveaux
Morts en ce fleuve monotone ?

Tes rêves, au gré lent des eaux,
   Voguent vers des mers moroses
Par où volèrent les oiseaux
Au pays des fleurs toujours roses.

Le chemin connu de nos pas
Se perd sous la nouvelle lune ;
    Ma Dame, ne sais-tu pas
Quel désir d'oubli m'importune ?

Soyons les amants du sommeil
Au vent qui souffle sur les feuilles ;
Oublions le nom du soleil
    Sous les pavots que tu cueilles.

VI

Elise, Liliane,
Gertrude, Viviane
  Et sœur Isabelle !
Chacune sous la lune
Chantant l'une après l'une,
  Si belle ! si belle !

Des iris et des lis
Sous les volubilis

Du jardin des pleurs !
Vos parfums firent peur
A mon si faible cœur,
   O les fleurs ! les fleurs !

Folie, ouvre les portes
De ce jardin de mortes
   A la saison qui sonne !
C'est les cloches, les cloches
Chantant aux vallons proches
   L'automne ! l'automne !

Elise, les iris,
Liliane, les lis,
   O femmes ! ô fleurs !
Quel fut donc mon chagrin
Dans cet ancien jardin
Des pleurs — de mes pleurs ?

VII

O Passantes, faites le signe
Du pardon et de l'infortune
Sur l'âme qui meurt comme un cygne
Blessé par l'archer de la lune.

Un chien noir aboie à la lune
Au fond de la forêt du cygne
Où les sept sœurs de l'Infortune
Cueillent des fleurs, et font un signe.

Quel fut donc le sens de ce signe

Qui flétrit de son infortune

Les fleurs chastes comme le cygne

Dont l'essor saigne sous la lune ?

O les Passantes de la lune.

Lancez un anneau d'or au cygne

Et partez, sœurs de l'Infortune,

Vers les amants qui vous font signe.

AME D'AUTOMNE

I

Au bord de la lointaine grève
Où nous conduisit la Chimère, .
Puisez dans la coupe du rêve,
O mes frères, cette onde amère.

En l'azur du soir les sirènes
Nous chanteront, surnaturelles,
L'histoire des rois et des reines
Qui moururent d'amour pour elles.

Oubliez le casque et l'épée
Dont la cime et la lame en flamme
Tonnèrent dans maintes épopée.
Vainement, pour l'Or et la Femme.

C'est ici le pays du rêve ;
Abreuvez-vous de l'onde amère,
O frères, au bord de la grève
Où nous conduisit la Chimère.

II

Au son des tambours et des cymbales,
Ils s'en venaient par les routes roses,
Chantant et lançant en l'air des balles

Qu'ils rattrapaient, experts à ces choses,
Dans des coupes. Ils allaient aux fêtes
Où l'on couronne les fous de roses.

Et par la bride ils menaient des bêtes
Aux housses de pourpre, avec des plumes
Enormes qui tremblaient sur leurs têtes.

Puis dans l'azur matinal des brumes
Filèrent des chars d'or où les belles
Sonnaient les grelots de leurs costumes.

Dans la venelle, des ribambelles
D'enfants dansaient devant la parade.
A leurs poings tremblaient des colombelles.

Or quand eut passé la mascarade,
Je rêvai d'aller mimer l'amour
Comme eux, sur les tréteaux et l'estrade.

Et depuis les chansons de ce jour
Mon âme éprise de toutes feintes
Guette au bord des chemins le retour

Des baladins et des femmes peintes.

III

Je suis né dans une ville d'or
Dont au crépuscule tours et dômes
Reflètent leur irréel décor
Dans des mers qui baignent des royaumes.

Il y passe, sous des étendards,
Des rois fous d'avoir suivi la lune
Jusqu'à la pâle ile des brouillards.
Et du port l'on voit, l'une après l'une,

Fuir, ouvrant la voile au vent lointain,
Des galères d'or aux hautes poupes
Où des reines lourdes de butin
Boivent le sang du soir dans des coupes.

La ville est maudite de Celui
Dont le temple est désert sur la place
Depuis que ses prêtres blancs ont fui
Sous les pierres de la populace.

Et des monts où les gardiens des tours
Hérissent leurs armes vers les astres,
Un soudain tonnerre de tambours
Tombe, tremblant aux futurs désastres

Qui feront hurler d'horreur les rois
Blottis comme des gueux sous les porches,
Et siffler le feu jusqu'aux beffrois
Sonnant l'heure des porteurs de torches.

IV

Mon royaume est plein de cavalcades
Caracolant vers des plaines d'or
Aux fanfares magiques d'un cor
Qui décèlera les embuscades.

Vers l'Occident surgissent, vermeils,
Les pinacles de la Cité sainte,
Où dix mille étendards, sur l'enceinte,
S'empourprèrent du sang des soleils.

Tôt tonneront, avec les cymbales,
Les tympanons des Barbares noirs,
Signal de la bataille des soirs
Qui cabrera les pâles cavales.

Les haches heurteront de l'estoc,
Les casques incrustés d'escarboucles,
D'où s'écrouleront, rouges, les boucles
Des Païens rebroussés sous le choc.

Et leur Prince, sonnant les alarmes,
S'échouera dans les flaques de sang
Aux foudres du cor retentissant
Par-dessus le vacarme des armes.

Je tordrai dans mon poing les cheveux
Des folles qui pleurent sous les tentes
La déroute des hordes chantantes
Dont elles assouvissaient les vœux.

Que l'on danse d'amour devant l'Arche
Qui nous mène, au rire des clairons,
Vers la rive où, doux, nous puiserons
L'oubli de la lutte et de la marche !

Je vous livre tout l'or du Trésor,
O vous de la croisade des rêves,
Et les gemmes frivoles des grèves
D'où la tarasque prend son essor.

Car seul dans le temple du Silence
Où mourra la voix de vos adieux,
Je veux ravir, comparable aux dieux,
La Coupe, la Couronne et la Lance.

V

L'étendard que mon bras de rebelle
Déroula sur les terres du rêve
Tremble aux tours du palais de la Belle
Pour que son peuple en rie. Et le glaive

Que trempa dans le sang des chimères
Quelque héros aïeul de ma race,
S'est brisé dans mes mains éphémères
Contre l'Ange à la rouge cuirasse.

Prince de si triste renommée,
Me voici, revenu des désastres,
Sur la route où jadis mon armée
Chevauchait en chantant vers les astres.

Nul, hélas ! n'enguirlande de roses
Cette lance où miroite la lune.
Ah ! les jours de retour sont moroses
Aux maudits de la mâle fortune !

La douce diseuse d'aventure
Qui pleura sur le seuil de sa porte
Quand je lus dans l'occulte écriture,
Je sais par les signes qu'elle est morte.

Et mon âme qui d'amour tressaille
Revole vers la terre du rêve,
Où vaincu dans l'ultime bataille
Je perdis l'Etendard et le Glaive.

VI

Je suis ce roi des anciens temps
Dont la cité dort sous la mer
Aux chocs sourds des cloches de fer
Qui sonnèrent trop de printemps.

Je crois savoir des noms de reines
Défuntes depuis tant d'années,
O mon âme! et des fleurs fanées
Semblent tomber des nuits sereines.

7

Les vaisseaux lourds de mon trésor
Ont tous sombré je ne sais où,
Et désormais je suis le fou
Qui cherche sur les flots son or.

Pourquoi vouloir la vieille gloire
Sous les noirs étendards des villes
Où tant de barbares serviles
Hurlaient aux astres ma victoire ?

Avec la lune sur mes yeux
Calmes, et l'épée à la main,
J'attends luire le lendemain
Qui tracera mon signe aux cieux.

Pourtant l'espoir de la conquête
Me gonfle le cœur de ses rages :
Ai-je entendu, vainqueur des âges,
Des trompettes dans la tempête ?

Ou sont-ce les cloches de fer
Qui sonnèrent trop de printemps ?
Je suis ce roi des anciens temps
Dont la cité dort sous la mer.

VII

Je suis mort au bord de la grève
　　D'un pays dont je fus roi :
Las moi ! qu'ai-je trompé le rêve
　　Des blancs guerriers de la foi?

Leurs trompettes d'or dans l'automne
　　Tonnent, et leurs cris de deuil
Vibrent dans le vent monotone
　　Qui souffle sur mon cercueil.

7.

Dans ma main se rouille l'épée
    Qui flamba sur maints combats
Quand les chantres de l'épopée
    Suivaient l'éclair de mes pas.

Tout est fini. La Renommée
    Ne sacrera plus ce front
Des fraîches palmes d'Idumée
    Qui sauvent de tout affront.

Et les vierges qui par les routes
    Semaient sous mon char des lys,
Je crois qu'elles vont s'enfuir toutes,
    Riant des jours de jadis.

Pourquoi pleurer les infidèles
    En mon éternel sommeil?
Je sais que quand les hirondelles
    Voleront vers le soleil,

Tu viendras, ô Reine du rêve,
De l'hiver des mers du Nord,
Ravir mon âme vers la grève
Où tout souvenir s'endort.

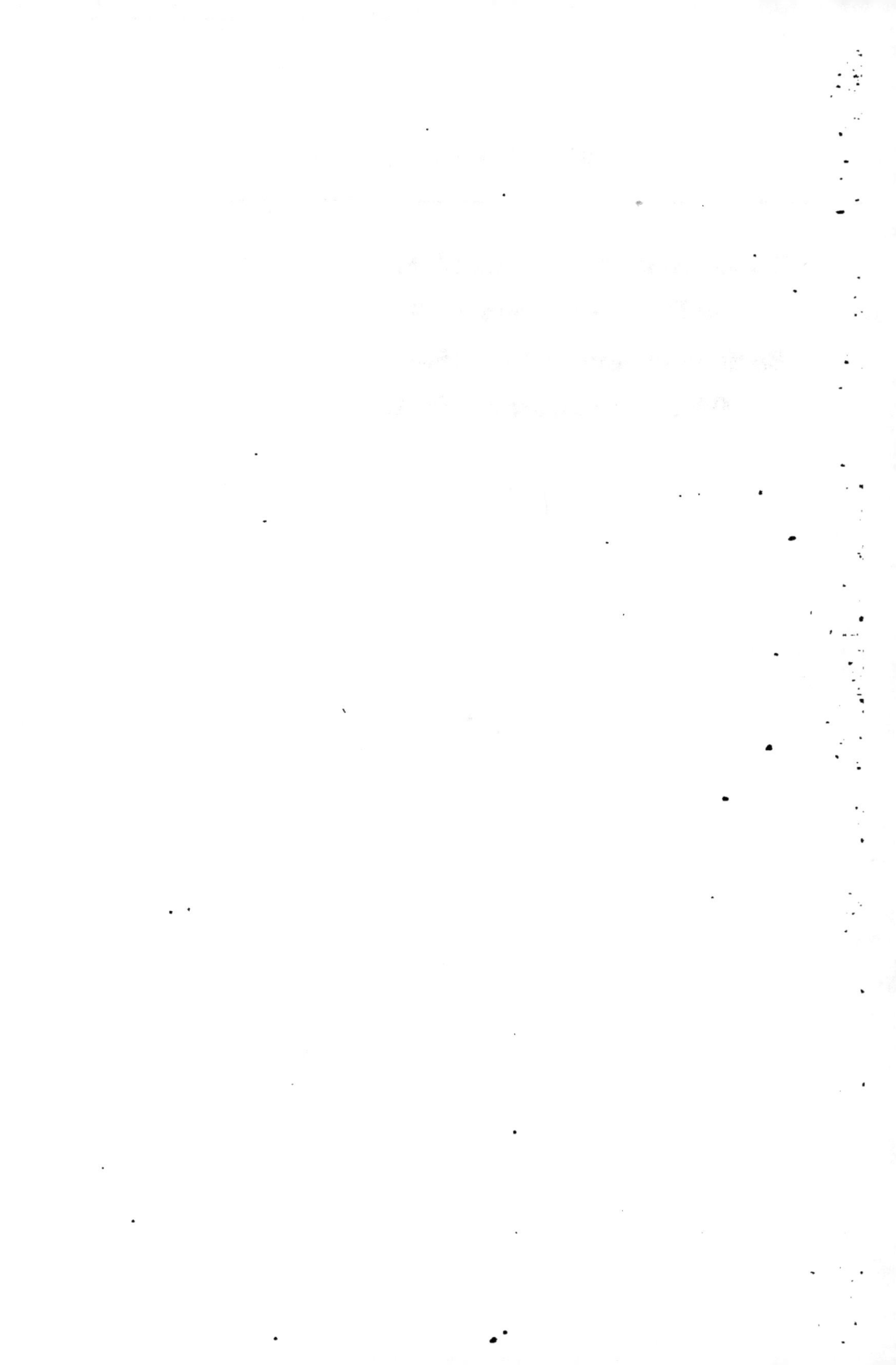

VIII

Roses trop rouges de mon désir,
Je vous effeuille au bord de cette onde
Où venait se mirer le Plaisir
Sous son masque usé comme le monde.

Du bleu des monts où naît le matin
Cent bateaux dont la poupe se bombe
Se laissent voguer, lourds de butin,
Vers la mer où le soleil succombe.

Mon âme amante des nénufars
Voit passer devant elle la flotte
Brave de clairons et d'étendards
Sans ouïr l'appel du roi-pilote.

C'est demain le réveil en la mer
Pour ceux-là qui descendent le fleuve.
— Ecoute les cloches de l'hiver,
Qui sonnent pour les autres l'épreuve.

Et prie à genoux parmi les fleurs
Roses trop rouges que tu tortures,
Nénufars où pleurent tes douleurs.
Pour tous les fous de ces aventures.

La nuit douce à tes souvenirs las
Pose ses pas d'oubli sur la grève.
Dors au pays des fleurs et des glas
Et rêve que la vie est un rêve.

IX

La porte de la triste maison
Où s'abrita le rêve des ans
S'est close aux neiges de la saison
Dont frissonnent les nouveaux enfants.

La route ne connaît plus les rois
Qui passaient dans des bruits de tambours,
Ni les prêtres droits sous leurs orfrois,
Ni les bouffons et les troubadours.

Vainement les pauvres impotents,
Leurs pieds sur le seuil, chantent en chœur
D'importunes chansons du vieux temps
Sous le houx qui saigne comme un cœur.

Celle et celui qui leur donnaient l'or
Sont morts d'avoir eu peur de l'hiver
Dans la maison où l'horloge encor
Marque, sans le savoir, l'heure d'hier.

Le jardin se perd vers les confins
De la forêt interdite au jour
Qui hérisse en menace ses pins
Autour des trois croix du carrefour.

Et contre le crépuscule roux
L'on voit fuir sous les corbeaux du sort,
Comme une horde noire de loups,
Les vengeurs qui hurlent à la mort.

X

Le lierre noir et la rose églantine
   Défendent les portes du jardin
   Où le soir d'un printemps qui s'obstine
   Est tout d'azur et d'incarnadin.

Dehors s'éplorent les folles fontaines
   Qui virent mi-mort d'amour l'Enfant
   Venu par les routes incertaines
   Vers ce seuil du rêve triomphant,

8

N'ayant connu ni la magique épée
 Que ne rouille pas le sang des fleurs,
 Ni la parole de l'épopée
 Par laquelle s'enfuit l'heure en pleurs,

Il s'agenouilla, très las, dans la poudre
 De la route ouverte à tous les pas
 Où les chars font le bruit de la foudre
 Et leurs sonnailles celui d'un glas.

Quelles flûtes se dirent, dans les roses,
 La victoire du soir sur celui
 Qui crut servir l'esprit et les choses
 Du lendemain et de l'aujourd'hui ?

O pâle Enfant désireux des corolles,
 Close longtemps est la porte d'or
 Que seules descellent les paroles
 De ceux qui veulent le vrai trésor.

Laisse-toi donc dormir hors de l'enceinte
　　Où chante le dernier rossignol ;
　　Sache croire que l'attente est sainte,
　　Et donne à tes seuls rêves leur vol.

Et peut-être enfin les portes de flamme
　　S'ouvriront-elles à ton appel
　　Sous l'aube où les fleurs, ayant une âme,
　　En feront sauter le triple scel.

XI

Mon âme tant malade s'endort,
Sœur, au son de ta chanson nocturne :
Un lys noir a fleuri dans l'urne,
Le roi de ce pays est mort.

De lointains luths scandent tes paroles
Que je ne comprends plus, ô ma sœur.
Semez, mes mains, avec douceur
Des étoiles et des corolles.

8.

Oh ! du silence pour écouter
Ce que soufflent les anges funèbres :
  Drapeaux du roi dans les ténèbres,
  L'heure des fous vient de tinter.

Des vols d'aigles tonnent sur ma tête
Dont s'ensanglantèrent les regards :
  O mort, ouvre les yeux hagards,
  Dans la tempête, à la conquête.

Mes rêves noirs ont pris leur essor
Vers une ville à la tour penchée :
  Voici passer la chevauchée
  Des princes sous la lune d'or.

Oh ! des baisers, ma sœur, sur mes lèvres,
Et tes mains sur mes yeux, ou je meurs :
  Tôt hurleront toutes les peurs
  Dans le rouge palais des fièvres.

Plus de lune! mon âme s'endort,
Tant folle, à cette heure taciturne :
Un lys noir a fleuri dans l'urne,
Le roi de ce pays est mort.

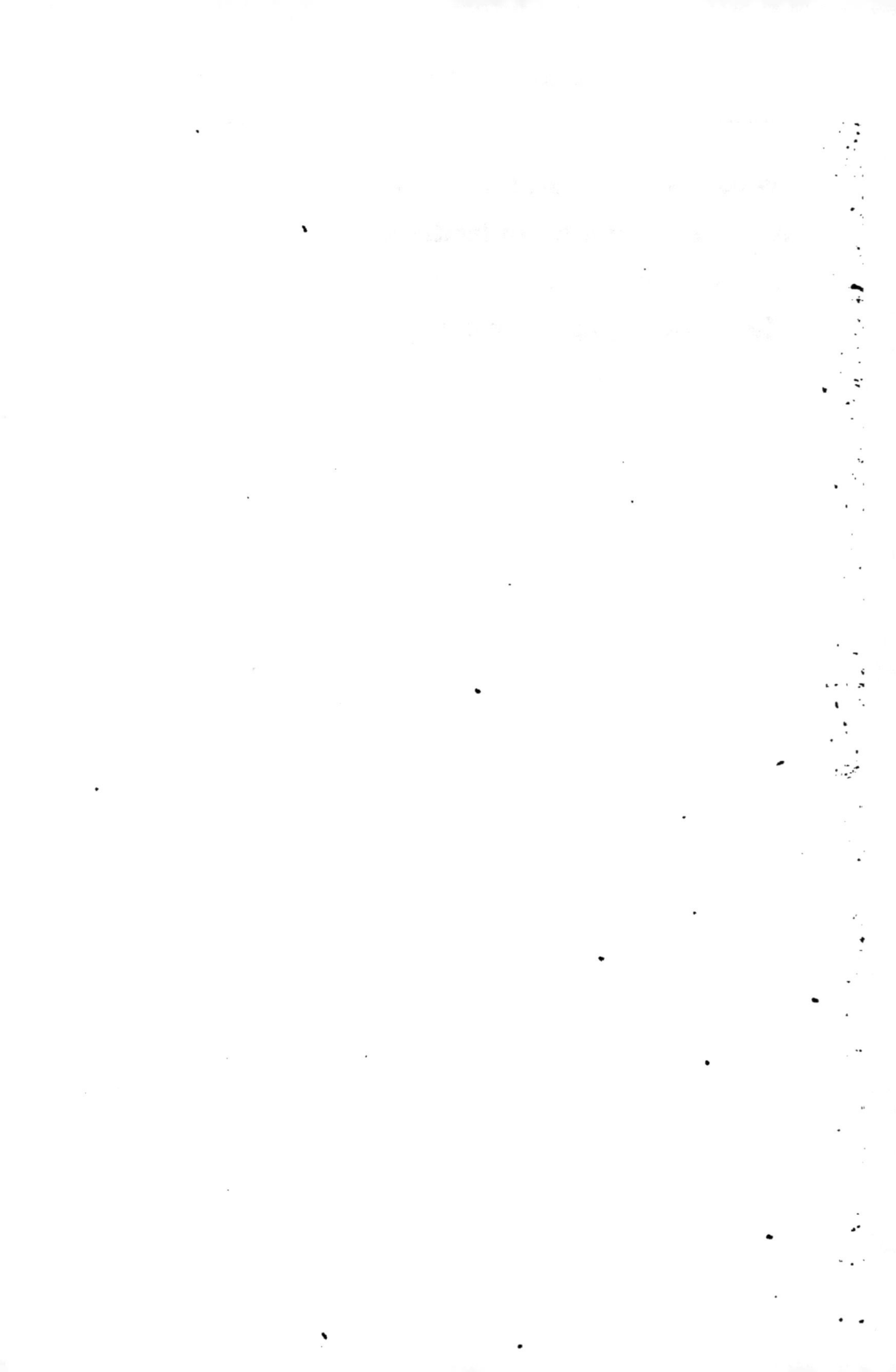

XII

Les sept fontaines sont taries
Qui jaillissaient dans la grand'place
De la ville où la populace
   Accourait rire aux féeries.

Sur le palais dont les cent porches
Ne s'ouvriront plus à l'attente,
Tombe la nuit épouvantante,
   Lourdement, sans bruit ni torches.

La danse est dansée aux terrasses
Où ne vibreront plus de cordes :
Le Conquérant, avec ses hordes,
    A passé, fuyant ses traces.

Seule parmi les fleurs fanées,
Celle qui survit à la vie
File en chantant à voix ravie
    Le lin rouge des années.

Là-bas la route des désastres
Monte vers la montagne sombre
Où la Fileuse entend, dans l'ombre,
    Tonner la chute des astres.

XIII

Rouge en la cathèdre royale
Parmi les trompettes de fer,
Elle impose en reine d'enfer
Ses lois à la gent déloyale.

D'un bandeau de pourpre à clous d'or
S'écroule l'azur de ses boucles
Jusqu'à ses doigts lourds d'escarboucles
Qui serrent la clef du trésor.

Sur sa simarre à larges barres
Rayonne au soleil des orfrois
Le féroce blason des rois
Qui massacrèrent les barbares.

———

Dans la salle des étendards
C'est soir d'affolante épouvante ;
Sur les routes il pleut et vente,
Au gibet dansent les pendards.

Une trompette sonne et tonne
Au haut de la tour du manoir,
Et l'on entend au fond du noir
Les pas du bourreau qui tâtonne.

Ce qu'oyant, le fou de la cour,
Dont tinte en tremblant la marotte,
Chante de sa voix qui chevrote
Un ancien virelai d'amour.

Sur la couche à lourdes courtines
Que froisse son singe badin,
La Reine étrangle un baladin
De ses étreintes serpentines.

Dans l'ombre des couloirs couverts
D'où jaillit un éclair de bagues
Sifflent, hors des fourreaux, les dagues
Des pages pervers aux yeux verts.

9

Et les flambeaux chus des pilastres
Ont mis feu, sous le vent des pas,
Aux plis frissonnants des lampas
Fleuris d'or comme les vieux astres.

———

C'est la révolte et les bûchers
En la nuit de la décadence
Où le peuple aux yeux jaunes danse
Autour du tocsin des clochers.

Et du haut d'une hallebarde
Où s'enroule un obscène écrit,
La tête de la Reine rit
Aux crachats sanglants de sa garde ;

Rit ! car en le secret trésor
Qu'ont à jamais sacré les flammes,
Sous la cendre des oriflammes
Resplendit sa couronne d'or !

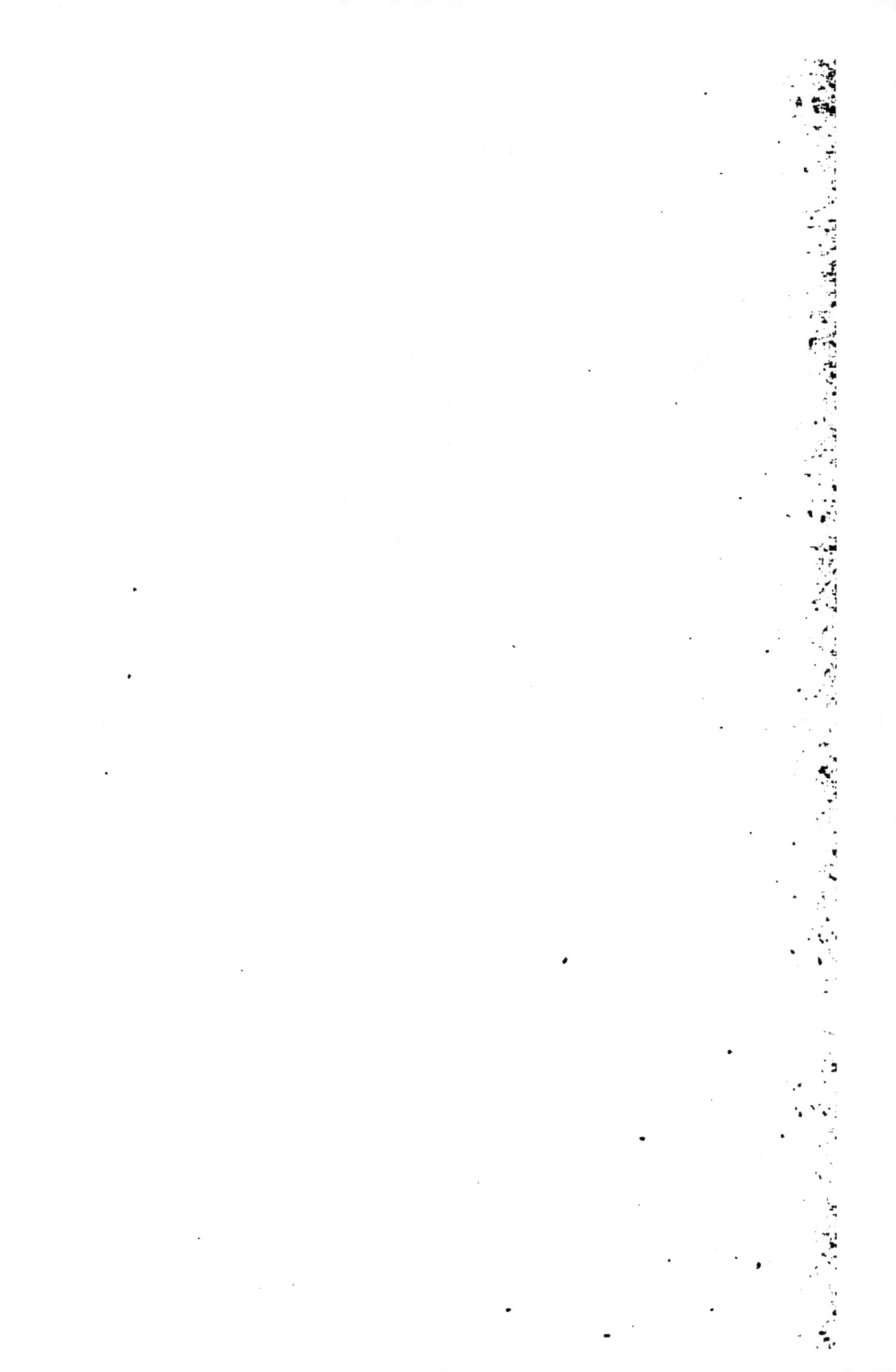

TABLE

AMOUR D'AUTOMNE

INTERLUDE DE CHANSONS

AME D'AUTOMNE

ÉVREUX, IMPRIMERIE DE CHARLES HÉRISSEY